Dr. Judith Roth

90 TAGE - FÜNF MINUTEN FÜR DICH

Dein Gefühlstagebuch.
Mit 20 Affirmationen für Kinder -
inklusive Download

2

Bibliografische Information der Deutschen Nationalbibliothek: Die Deutsche Nationalbibliothek verzeichnet diese Publikation in der Deutschen Nationalbibliografie; detaillierte bibliografische Daten sind im Internet über dnb.dnb.de abrufbar.

Kontakt:
Dr. Judith Roth
Enge Straße 2b
27572 Bremerhaven
mail@judith-roth.de

Umschlagfoto und Innenseiten gestaltet mit: Canva Pro

Herstellung und Verlag:
BoD - Books on Demand, Norderstedt
ISBN: 9783759766656

DIESES BUCH
GEHÖRT

_____

DEIN GEFÜHLSTAGEBUCH!

Manchmal sind wir glücklich, manchmal traurig, verzweifelt oder sogar wütend. Alle diese **Gefühle sind wichtig** und ein Teil unseres Lebens.

In diesem Tagebuch kannst du **jeden Tag festhalten, wie du dich fühlst.** Du wirst verschiedene Emotionen besser verstehen. Was bewirken sie in deinem Körper? Und warum sind sie nützlich, auch wenn sie sich manchmal unangenehm anfühlen? Spüre dem einfach nach.

Eine besondere Sache in diesem Buch sind die Affirmationen. **Affirmationen sind Sätze**, die dir helfen können, deine Gedanken positiv zu lenken. Du könntest zum Beispiel sagen: "Ich bin wertvoll" oder "Meine Stimme zählt". Diese Sätze können dich unterstützen, stark und selbstbewusst zu sein.

Was kannst du mit den Affirmationen machen? Ganz einfach! **Lies sie dir jeden Tag vor.** Sie können dir dabei helfen, gut in den Tag zu starten oder abends entspannt einzuschlafen. Du findest in diesem Buch jede Menge Tipps, wie du die Affirmationen in deinem Alltag umsetzt.

DOWNLOAD

Du kannst die Affirmationen auch kostenlos herunterladen, um sie auszudrucken und in deine Schultasche zu stecken. Alternativ kannst du sie auf deinem Tablet oder Smartphone ansehen. Den entsprechenden Code findest du in diesem Buch.

MEIN TAG

Datum

Wie hast du dich heute gefühlt?

glücklich

traurig

wütend

ängstlich

müde

verliebt

krank

verwirrt

neutral

Welches Monster soll öfter auftauchen in deinem Leben? Welches weniger? Male dein Wunschgefühl auf ein Blatt oder notiere es dir hier.

Oder warst du

o neugierig
o aufgeregt
o neidisch
o gelangweilt
o mutig
o zufrieden
o überrascht
o einsam
o unsicher
o _____

Was hat deine Gefühle heute ausgelöst?

Das war heute besonders schön....

Darauf freue ich mich...

Gibt es etwas, wofür du heute dankbar bist?

MEIN TAG

Datum

Wie hast du dich heute gefühlt?

glücklich

traurig

wütend

ängstlich

müde

verliebt

krank

verwirrt

neutral

Welches Monster soll öfter auftauchen in deinem Leben? Welches weniger? Male dein Wunschgefühl auf ein Blatt oder notiere es dir hier.

Oder warst du
o neugierig
o aufgeregt
o neidisch
o gelangweilt
o mutig
o zufrieden
o überrascht
o einsam
o unsicher
o _____

Was hat deine Gefühle heute ausgelöst?

_____

Das war heute besonders schön....

Darauf freue ich mich...

Gibt es etwas, wofür du heute dankbar bist?

ICH SORGE GUT FÜR MICH

TIPP: NIMM DIR ZEIT FÜR DICH SELBST

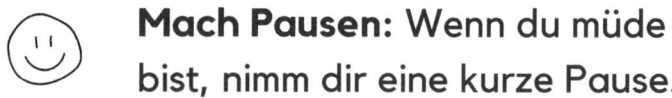

☺ **Mach Pausen:** Wenn du müde bist, nimm dir eine kurze Pause.

☺ **Schlafe genug:** Guter Schlaf ist wichtig. Versuche, regelmäßig zu schlafen.

☺ **Iss gesund:** Achte auf viel Obst, Gemüse und Wasser.

☺ **Bewege dich:** Spiele draußen oder tanze zu deiner Lieblingsmusik.

☺ **Rede darüber:** Sprich mit jemandem, wenn dich etwas bedrückt.

☺ **Mach Dinge, die dir Spaß machen:** Malen, spielen oder basteln.

Warum ist das wichtig?
Gut für dich selbst zu sorgen, hält dich gesund, glücklich und stark.

MEIN TAG

Wie hast du dich heute gefühlt?

glücklich

traurig

wütend

ängstlich

müde

verliebt

krank

verwirrt

neutral

Welches Monster soll öfter auftauchen in deinem Leben? Welches weniger? Male dein Wunschgefühl auf ein Blatt oder notiere es dir hier.

Oder warst du
o neugierig
o aufgeregt
o neidisch
o gelangweilt
o mutig
o zufrieden
o überrascht
o einsam
o unsicher
o _____

Was hat deine Gefühle heute ausgelöst?

_____

Das war heute besonders schön....

Darauf freue ich mich...

Gibt es etwas, wofür du heute dankbar bist?

MEIN TAG

Datum

Wie hast du dich heute gefühlt?

glücklich

traurig

wütend

ängstlich

müde

verliebt

krank

verwirrt

neutral

Welches Monster soll öfter auftauchen in deinem Leben? Welches weniger? Male dein Wunschgefühl auf ein Blatt oder notiere es dir hier.

Oder warst du
o neugierig
o aufgeregt
o neidisch
o gelangweilt
o mutig
o zufrieden
o überrascht
o einsam
o unsicher
o _____

Was hat deine Gefühle heute ausgelöst?

ICH HÖRE AUF MEINE GEFÜHLE

TIPP: SPÜRE, WAS DU FÜHLST

Achte auf deine Gefühle: Spüre, wie du dich fühlst - fröhlich, traurig, wütend oder ängstlich.

Sprich darüber: Erzähle jemandem, dem du vertraust, wie du dich fühlst.

Nimm dir Zeit: Wenn du dich überwältigt fühlst, nimm dir eine Pause.

Finde Lösungen: Überlege, was dir helfen könnte, dich besser zu fühlen.

Warum ist das wichtig?
Deine Gefühle sind wichtig und sie ernst zu nehmen, hilft dir, glücklich und ausgeglichen zu sein.

MEIN TAG

Datum

Wie hast du dich heute gefühlt?

glücklich
traurig
wütend
ängstlich
müde
verliebt
krank
verwirrt
neutral

Welches Monster soll öfter auftauchen in deinem Leben? Welches weniger? Male dein Wunschgefühl auf ein Blatt oder notiere es dir hier.

Oder warst du
o neugierig
o aufgeregt
o neidisch
o gelangweilt
o mutig
o zufrieden
o überrascht
o einsam
o unsicher
o _____

Was hat deine Gefühle heute ausgelöst?

_____

Das war heute besonders schön....

Darauf freue ich mich...

Gibt es etwas, wofür du heute dankbar bist?

MEIN TAG

Datum

Wie hast du dich heute gefühlt?

glücklich

traurig

wütend

ängstlich

müde

verliebt

krank

verwirrt

neutral

Welches Monster soll öfter auftauchen in deinem Leben? Welches weniger? Male dein Wunschgefühl auf ein Blatt oder notiere es dir hier.

Oder warst du
o neugierig
o aufgeregt
o neidisch
o gelangweilt
o mutig
o zufrieden
o überrascht
o einsam
o unsicher
o _____

Was hat deine Gefühle heute ausgelöst?

_____

MEIN TAG

Datum

Wie hast du dich heute gefühlt?

glücklich

traurig

wütend

ängstlich

müde

verliebt

krank

verwirrt

neutral

Welches Monster soll öfter auftauchen in deinem Leben? Welches weniger? Male dein Wunschgefühl auf ein Blatt oder notiere es dir hier.

Oder warst du
o neugierig
o aufgeregt
o neidisch
o gelangweilt
o mutig
o zufrieden
o überrascht
o einsam
o unsicher
o _____

Was hat deine Gefühle heute ausgelöst?

_____

ICH BIN GUT ZU MEINEM KÖRPER

TIPP: SO ACHTEST DU AUF DEINEN KÖRPER

Bewege dich regelmäßig: Spiele draußen, tanze oder treibe Sport.

Iss gesund: Achte auf viel Obst, Gemüse und Wasser.

Schlafe ausreichend: Guter Schlaf hilft deinem Körper, zu wachsen und sich zu erholen.

Hygiene ist wichtig: Wasche deine Hände, putze deine Zähne und bade regelmäßig.

Warum ist das wichtig?
Deinen Körper gut zu behandeln, hält dich gesund und stark. So fühlst du dich wohl und hast Energie für deine Abenteuer.

MEIN TAG

Datum

Wie hast du dich heute gefühlt?

glücklich

traurig

wütend

ängstlich

müde

verliebt

krank

verwirrt

neutral

Welches Monster soll öfter auftauchen in deinem Leben? Welches weniger? Male dein Wunschgefühl auf ein Blatt oder notiere es dir hier.

Oder warst du
o neugierig
o aufgeregt
o neidisch
o gelangweilt
o mutig
o zufrieden
o überrascht
o einsam
o unsicher
o _____

Was hat deine Gefühle heute ausgelöst?

_____

MEIN TAG

Datum

Wie hast du dich heute gefühlt?

glücklich

traurig

wütend

ängstlich

müde

verliebt

krank

verwirrt

neutral

Welches Monster soll öfter auftauchen in deinem Leben? Welches weniger? Male dein Wunschgefühl auf ein Blatt oder notiere es dir hier.

Oder warst du
o neugierig
o aufgeregt
o neidisch
o gelangweilt
o mutig
o zufrieden
o überrascht
o einsam
o unsicher
o _____

Was hat deine Gefühle heute ausgelöst?

_____

MEIN TAG

Datum

Wie hast du dich heute gefühlt?

glücklich

traurig

wütend

ängstlich

müde

verliebt

krank

verwirrt

neutral

Oder warst du

o neugierig
o aufgeregt
o neidisch
o gelangweilt
o mutig
o zufrieden
o überrascht
o einsam
o unsicher
o _____

Welches Monster soll öfter auftauchen in deinem Leben? Welches weniger? Male dein Wunschgefühl auf ein Blatt oder notiere es dir hier.

Was hat deine Gefühle heute ausgelöst?

_____

Das war heute besonders schön....

Darauf freue ich mich...

Gibt es etwas, wofür du heute dankbar bist?

MEIN TAG

Datum

Wie hast du dich heute gefühlt?

glücklich

traurig

wütend

ängstlich

müde

verliebt

krank

verwirrt

neutral

Welches Monster soll öfter auftauchen in deinem Leben? Welches weniger? Male dein Wunschgefühl auf ein Blatt oder notiere es dir hier.

Oder warst du
o neugierig
o aufgeregt
o neidisch
o gelangweilt
o mutig
o zufrieden
o überrascht
o einsam
o unsicher
o _____

Was hat deine Gefühle heute ausgelöst?

_____

Das war heute besonders schön....

Darauf freue ich mich...

Gibt es etwas, wofür du heute dankbar bist?

MEIN TAG

Datum

Wie hast du dich heute gefühlt?

glücklich

traurig

wütend

ängstlich

müde

verliebt

krank

verwirrt

neutral

Oder warst du

o neugierig

o aufgeregt

o neidisch

o gelangweilt

o mutig

o zufrieden

o überrascht

o einsam

o unsicher

o _____

Welches Monster soll öfter auftauchen in deinem Leben? Welches weniger? Male dein Wunschgefühl auf ein Blatt oder notiere es dir hier.

Was hat deine Gefühle heute ausgelöst?

_____

Das war heute besonders schön....

Darauf freue ich mich...

Gibt es etwas, wofür du heute dankbar bist?

MEIN TAG

Datum

Wie hast du dich heute gefühlt?

glücklich

traurig

wütend

ängstlich

müde

verliebt

krank

verwirrt

neutral

Welches Monster soll öfter auftauchen in deinem Leben? Welches weniger? Male dein Wunschgefühl auf ein Blatt oder notiere es dir hier.

Oder warst du
o neugierig
o aufgeregt
o neidisch
o gelangweilt
o mutig
o zufrieden
o überrascht
o einsam
o unsicher
o _____

Was hat deine Gefühle heute ausgelöst?

_____

ICH DARF MEINE GEFÜHLE AUSSPRECHEN

TIPP: SPRICH AUS, WAS DU WAHRNIMMST

Achte auf deine Gefühle: Spüre, wie du dich fühlst - glücklich, traurig, wütend oder ängstlich.

Bewerte nicht: Jedes Gefühl ist gut und richtig. Es darf da sein.

Nutze Worte: Sag genau, was in deinem Herzen ist, ohne Angst vor Verurteilung.

Warum ist das wichtig?
Gefühle auszusprechen, hilft dir, dich besser zu fühlen und Missverständnisse zu vermeiden. Du sorgst damit gut für dich selbst.

MEIN TAG

Datum

Wie hast du dich heute gefühlt?

glücklich
traurig
wütend
ängstlich
müde
verliebt
krank
verwirrt
neutral

Welches Monster soll öfter auftauchen in deinem Leben? Welches weniger? Male dein Wunschgefühl auf ein Blatt oder notiere es dir hier.

Oder warst du
o neugierig
o aufgeregt ☑
o neidisch
o gelangweilt
o mutig
o zufrieden
o überrascht
o einsam
o unsicher
o _____

Was hat deine Gefühle heute ausgelöst?

_____

MEIN TAG

Datum

Wie hast du dich heute gefühlt?

glücklich

traurig

wütend

ängstlich

müde

verliebt

krank

verwirrt

neutral

Welches Monster soll öfter auftauchen in deinem Leben? Welches weniger? Male dein Wunschgefühl auf ein Blatt oder notiere es dir hier.

Oder warst du
o neugierig
o aufgeregt
o neidisch
o gelangweilt
o mutig
o zufrieden
o überrascht
o einsam
o unsicher
o _____

Was hat deine Gefühle heute ausgelöst?

_____

MEIN TAG

Datum

Wie hast du dich heute gefühlt?

glücklich

traurig

wütend

ängstlich

müde

verliebt

krank

verwirrt

neutral

Welches Monster soll öfter auftauchen in deinem Leben? Welches weniger? Male dein Wunschgefühl auf ein Blatt oder notiere es dir hier.

Oder warst du
o neugierig
o aufgeregt
o neidisch
o gelangweilt
o mutig
o zufrieden
o überrascht
o einsam
o unsicher
o _____

Was hat deine Gefühle heute ausgelöst?

_____

MEIN TAG

Datum

Wie hast du dich heute gefühlt?

glücklich

traurig

wütend

ängstlich

müde

verliebt

krank

verwirrt

neutral

Oder warst du
o neugierig
o aufgeregt
o neidisch
o gelangweilt
o mutig
o zufrieden
o überrascht
o einsam
o unsicher
o _____

Welches Monster soll öfter auftauchen in deinem Leben? Welches weniger? Male dein Wunschgefühl auf ein Blatt oder notiere es dir hier.

Was hat deine Gefühle heute ausgelöst?

_____

Das war heute besonders schön....

Darauf freue ich mich...

Gibt es etwas, wofür du heute dankbar bist?

ICH DARF MICH
AUSRUHEN

TIPP: SO RUHST DU DICH AUS

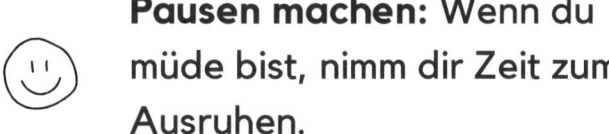 **Pausen machen:** Wenn du müde bist, nimm dir Zeit zum Ausruhen.

Entspannen: Mach es dir gemütlich, lies ein Buch oder hör deine Lieblingsmusik.

Schlaf: Guter Schlaf ist wichtig. Versuche, jeden Tag zur gleichen Zeit schlafen zu gehen.

Warum ist das wichtig?
Ausruhen hilft dir, Energie zu tanken und stark und gesund zu bleiben. Es ist okay, Pausen zu machen.

MEIN TAG

Datum

Wie hast du dich heute gefühlt?

glücklich

traurig

wütend

ängstlich

müde

verliebt

krank

verwirrt

neutral

Oder warst du
o neugierig
o aufgeregt
o neidisch
o gelangweilt
o mutig
o zufrieden
o überrascht
o einsam
o unsicher
o _____

Welches Monster soll öfter auftauchen in deinem Leben? Welches weniger? Male dein Wunschgefühl auf ein Blatt oder notiere es dir hier.

Was hat deine Gefühle heute ausgelöst?

_____

Das war heute besonders schön....

Darauf freue ich mich...

Gibt es etwas, wofür du heute dankbar bist?

MEIN TAG

Datum

Wie hast du dich heute gefühlt?

glücklich

traurig

wütend

ängstlich

müde

verliebt

krank

verwirrt

neutral

Welches Monster soll öfter auftauchen in deinem Leben? Welches weniger? Male dein Wunschgefühl auf ein Blatt oder notiere es dir hier.

Oder warst du
o neugierig
o aufgeregt
o neidisch
o gelangweilt
o mutig
o zufrieden
o überrascht
o einsam
o unsicher
o _____

Was hat deine Gefühle heute ausgelöst?

_____

MEIN TAG

Datum

Wie hast du dich heute gefühlt?

glücklich

traurig

wütend

ängstlich

müde

verliebt

krank

verwirrt

neutral

Welches Monster soll öfter auftauchen in deinem Leben? Welches weniger? Male dein Wunschgefühl auf ein Blatt oder notiere es dir hier.

Oder warst du
o neugierig
o aufgeregt
o neidisch
o gelangweilt
o mutig
o zufrieden
o überrascht
o einsam
o unsicher
o _____

Was hat deine Gefühle heute ausgelöst?

_____

Das war heute besonders schön....

Darauf freue ich mich...

Gibt es etwas, wofür du heute
dankbar bist?

MEIN TAG

Datum

Wie hast du dich heute gefühlt?

glücklich

traurig

wütend

ängstlich

müde

verliebt

krank

verwirrt

neutral

Welches Monster soll öfter auftauchen in deinem Leben? Welches weniger? Male dein Wunschgefühl auf ein Blatt oder notiere es dir hier.

Oder warst du
o neugierig
o aufgeregt
o neidisch
o gelangweilt
o mutig
o zufrieden
o überrascht
o einsam
o unsicher
o _____

Was hat deine Gefühle heute ausgelöst?

_____

Das war heute besonders schön....

Darauf freue ich mich...

Gibt es etwas, wofür du heute dankbar bist?

MEIN TAG

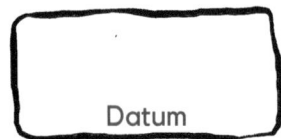

Datum

Wie hast du dich heute gefühlt?

glücklich

traurig

wütend

ängstlich

müde

verliebt

krank

verwirrt

neutral

Welches Monster soll öfter auftauchen in deinem Leben? Welches weniger? Male dein Wunschgefühl auf ein Blatt oder notiere es dir hier.

Oder warst du

o neugierig

o aufgeregt

o neidisch

o gelangweilt

o mutig

o zufrieden

o überrascht

o einsam

o unsicher

o _____

Was hat deine Gefühle heute ausgelöst?

_____

MEIN TAG

Datum

Wie hast du dich heute gefühlt?

glücklich

traurig

wütend

ängstlich

müde

verliebt

krank

verwirrt

neutral

Welches Monster soll öfter auftauchen in deinem Leben? Welches weniger? Male dein Wunschgefühl auf ein Blatt oder notiere es dir hier.

Oder warst du
o neugierig
o aufgeregt
o neidisch
o gelangweilt
o mutig
o zufrieden
o überrascht
o einsam
o unsicher
o _____

Was hat deine Gefühle heute ausgelöst?

_____

Das war heute besonders schön....

Darauf freue ich mich...

Gibt es etwas, wofür du heute dankbar bist?

ICH WEISS,
WIE ICH
ZUSAMMENHALTE

TIPP: SO HÄLTST DU ZUSAMMEN

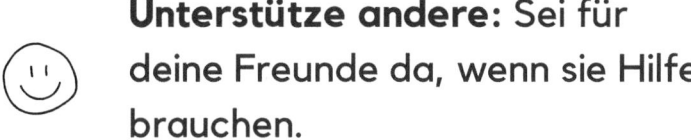 **Unterstütze andere:** Sei für deine Freunde da, wenn sie Hilfe brauchen.

 **Teile:** Teile deine Spielzeuge und deine Zeit mit anderen.

 **Sei freundlich:** Behandle andere so, wie du selbst behandelt werden möchtest.

Warum ist das wichtig?
Es ist schön, zu wissen, dass man nicht allein ist und dass man anderen helfen kann.

MEIN TAG

Datum

Wie hast du dich heute gefühlt?

glücklich

traurig

wütend

ängstlich

müde

verliebt

krank

verwirrt

neutral

Welches Monster soll öfter auftauchen in deinem Leben? Welches weniger? Male dein Wunschgefühl auf ein Blatt oder notiere es dir hier.

Oder warst du
o neugierig
o aufgeregt
o neidisch
o gelangweilt
o mutig
o zufrieden
o überrascht
o einsam
o unsicher
o _____

Was hat deine Gefühle heute ausgelöst?

_____

Das war heute besonders schön....

Darauf freue ich mich...

Gibt es etwas, wofür du heute dankbar bist?

MEIN TAG

Datum

Wie hast du dich heute gefühlt?

glücklich

traurig

wütend

ängstlich

müde

verliebt

krank

verwirrt

neutral

Welches Monster soll öfter auftauchen in deinem Leben? Welches weniger? Male dein Wunschgefühl auf ein Blatt oder notiere es dir hier.

Oder warst du
o neugierig
o aufgeregt
o neidisch
o gelangweilt
o mutig
o zufrieden
o überrascht
o einsam
o unsicher
o _____

Was hat deine Gefühle heute ausgelöst?

_____

Das war heute besonders schön....

Darauf freue ich mich...

Gibt es etwas, wofür du heute dankbar bist?

MEIN TAG

Datum

Wie hast du dich heute gefühlt?

glücklich

traurig

wütend

ängstlich

müde

verliebt

krank

verwirrt

neutral

Welches Monster soll öfter auftauchen in deinem Leben? Welches weniger? Male dein Wunschgefühl auf ein Blatt oder notiere es dir hier.

Oder warst du
o neugierig
o aufgeregt
o neidisch
o gelangweilt
o mutig
o zufrieden
o überrascht
o einsam
o unsicher
o _____

Was hat deine Gefühle heute ausgelöst?

_____

Das war heute besonders schön....

Darauf freue ich mich...

Gibt es etwas, wofür du heute dankbar bist?

MEIN TAG

Datum

Wie hast du dich heute gefühlt?

glücklich

traurig

wütend

ängstlich

müde

verliebt

krank

verwirrt

neutral

Welches Monster soll öfter auftauchen in deinem Leben? Welches weniger? Male dein Wunschgefühl auf ein Blatt oder notiere es dir hier.

Oder warst du
o neugierig
o aufgeregt
o neidisch
o gelangweilt
o mutig
o zufrieden
o überrascht
o einsam
o unsicher
o _____

Was hat deine Gefühle heute ausgelöst?

_____

MEIN TAG

Datum

Wie hast du dich heute gefühlt?

glücklich

traurig

wütend

ängstlich

müde

verliebt

krank

verwirrt

neutral

Welches Monster soll öfter auftauchen in deinem Leben? Welches weniger? Male dein Wunschgefühl auf ein Blatt oder notiere es dir hier.

Oder warst du
o neugierig
o aufgeregt
o neidisch
o gelangweilt
o mutig
o zufrieden
o überrascht
o einsam
o unsicher
o _____

Was hat deine Gefühle heute ausgelöst?

_____

Das war heute besonders schön....

Darauf freue ich mich...

Gibt es etwas, wofür du heute dankbar bist?

ICH BIN
ZUVERSICHTLICH

TIPP: SO BLEIBST DU ZUVERSICHTLICH

Positive Gedanken: Denke daran, dass du viele Dinge schaffen kannst.

Glaube an dich selbst: Vertraue darauf, dass du Herausforderungen bewältigen kannst.

Bleibe optimistisch: Sieh das Gute in schwierigen Situationen und lerne aus Fehlern.

Warum ist das wichtig?
Zuversicht hilft dir, stark und mutig zu sein. Wenn du an dich selbst glaubst, kannst du viele schöne Dinge erreichen.

MEIN TAG

Datum

Wie hast du dich heute gefühlt?

glücklich

traurig

wütend

ängstlich

müde

verliebt

krank

verwirrt

neutral

Welches Monster soll öfter auftauchen in deinem Leben? Welches weniger? Male dein Wunschgefühl auf ein Blatt oder notiere es dir hier.

Oder warst du
o neugierig
o aufgeregt
o neidisch
o gelangweilt
o mutig
o zufrieden
o überrascht
o einsam
o unsicher
o _____

Was hat deine Gefühle heute ausgelöst?

_____

Das war heute besonders schön....

Darauf freue ich mich...

Gibt es etwas, wofür du heute dankbar bist?

MEIN TAG

Datum

Wie hast du dich heute gefühlt?

glücklich

traurig

wütend

ängstlich

müde

verliebt

krank

verwirrt

neutral

Welches Monster soll öfter auftauchen in deinem Leben? Welches weniger? Male dein Wunschgefühl auf ein Blatt oder notiere es dir hier.

Oder warst du
o neugierig
o aufgeregt
o neidisch
o gelangweilt
o mutig
o zufrieden
o überrascht
o einsam
o unsicher
o _____

Was hat deine Gefühle heute ausgelöst?

_____

Das war heute besonders schön....

Darauf freue ich mich...

Gibt es etwas, wofür du heute dankbar bist?

ICH BIN
MITFÜHLEND

TIPP: SO BIST DU MITFÜHLEND

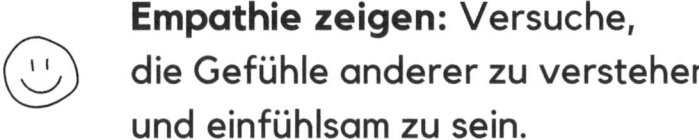 **Empathie zeigen:** Versuche, die Gefühle anderer zu verstehen und einfühlsam zu sein.

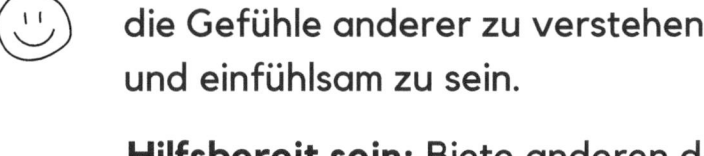 **Hilfsbereit sein:** Biete anderen deine Hilfe an, wenn sie traurig oder in Not sind.

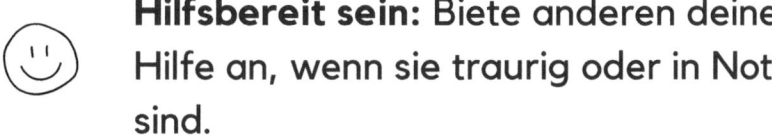 **Teile:** Teile Spielzeug oder andere Dinge mit anderen Kindern, um sie glücklich zu machen.

Warum ist das wichtig?
Wenn du mitfühlend bist, verstehst du andere besser. Das hilft dir, Freundschaften zu führen.

MEIN TAG

Wie hast du dich heute gefühlt?

glücklich

traurig

wütend

ängstlich

müde

verliebt

krank

verwirrt

neutral

Welches Monster soll öfter auftauchen in deinem Leben? Welches weniger? Male dein Wunschgefühl auf ein Blatt oder notiere es dir hier.

Oder warst du

o neugierig

o aufgeregt

o neidisch

o gelangweilt

o mutig

o zufrieden

o überrascht

o einsam

o unsicher

o _____

Was hat deine Gefühle heute ausgelöst?

_____

Das war heute besonders schön....

Darauf freue ich mich...

Gibt es etwas, wofür du heute dankbar bist?

MEIN TAG

Datum

Wie hast du dich heute gefühlt?

glücklich

traurig

wütend

ängstlich

müde

verliebt

krank

verwirrt

neutral

Welches Monster soll öfter auftauchen in deinem Leben? Welches weniger? Male dein Wunschgefühl auf ein Blatt oder notiere es dir hier.

Oder warst du
o neugierig
o aufgeregt
o neidisch
o gelangweilt
o mutig
o zufrieden
o überrascht
o einsam
o unsicher
o _____

Was hat deine Gefühle heute ausgelöst?

_____

Das war heute besonders schön....

Darauf freue ich mich...

Gibt es etwas, wofür du heute dankbar bist?

MEIN TAG

Datum

Wie hast du dich heute gefühlt?

glücklich

traurig

wütend

ängstlich

müde

verliebt

krank

verwirrt

neutral

Oder warst du
o neugierig
o aufgeregt
o neidisch
o gelangweilt
o mutig
o zufrieden
o überrascht
o einsam
o unsicher
o _____

Welches Monster soll öfter auftauchen in deinem Leben? Welches weniger? Male dein Wunschgefühl auf ein Blatt oder notiere es dir hier.

Was hat deine Gefühle heute ausgelöst?

_____

Das war heute besonders schön....

Darauf freue ich mich...

Gibt es etwas, wofür du heute dankbar bist?

MEIN TAG

Datum

Wie hast du dich heute gefühlt?

glücklich

traurig

wütend

ängstlich

müde

verliebt

krank

verwirrt

neutral

Welches Monster soll öfter auftauchen in deinem Leben? Welches weniger? Male dein Wunschgefühl auf ein Blatt oder notiere es dir hier.

Oder warst du
o neugierig
o aufgeregt
o neidisch
o gelangweilt
o mutig
o zufrieden
o überrascht
o einsam
o unsicher
o _____

Was hat deine Gefühle heute ausgelöst?

_____

Das war heute besonders schön....

Darauf freue ich mich...

Gibt es etwas, wofür du heute dankbar bist?

MEIN TAG

Datum

Wie hast du dich heute gefühlt?

glücklich

traurig

wütend

ängstlich

müde

verliebt

krank

verwirrt

neutral

Oder warst du
o neugierig
o aufgeregt
o neidisch
o gelangweilt
o mutig
o zufrieden
o überrascht
o einsam
o unsicher
o _____

Welches Monster soll öfter auftauchen in deinem Leben? Welches weniger? Male dein Wunschgefühl auf ein Blatt oder notiere es dir hier.

Was hat deine Gefühle heute ausgelöst?

_____

Das war heute besonders schön....

Darauf freue ich mich...

Gibt es etwas, wofür du heute dankbar bist?

ICH BIN
VOLLSTÄNDIG

TIPP: VOLLSTÄNDIG ZU SEIN, DAS HEISST...

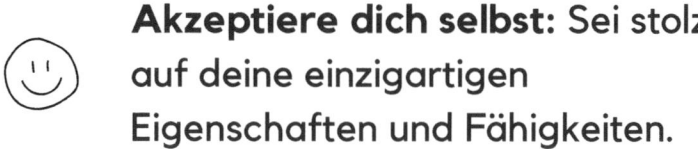 **Akzeptiere dich selbst:** Sei stolz auf deine einzigartigen Eigenschaften und Fähigkeiten.

Sei du selbst: Lass dich nicht von anderen beeinflussen, sondern bleibe authentisch.

Entdecke deine Stärken: Finde heraus, was du gut kannst und was dich besonders macht.

Warum ist das wichtig?
Wenn du dich selbst als vollständig akzeptierst, kannst du selbstbewusst und glücklich sein. Das hilft dir, starke Beziehungen zu anderen aufzubauen und deine Träume zu verfolgen.

MEIN TAG

Datum

Wie hast du dich heute gefühlt?

glücklich

traurig

wütend

ängstlich

müde

verliebt

krank

verwirrt

neutral

Welches Monster soll öfter auftauchen in deinem Leben? Welches weniger? Male dein Wunschgefühl auf ein Blatt oder notiere es dir hier.

Oder warst du
o neugierig
o aufgeregt
o neidisch
o gelangweilt
o mutig
o zufrieden
o überrascht
o einsam
o unsicher
o _____

Was hat deine Gefühle heute ausgelöst?

_____

Das war heute besonders schön....

Darauf freue ich mich...

Gibt es etwas, wofür du heute
dankbar bist?

MEIN TAG

Datum

Wie hast du dich heute gefühlt?

glücklich

traurig

wütend

ängstlich

müde

verliebt

krank

verwirrt

neutral

Welches Monster soll öfter auftauchen in deinem Leben? Welches weniger? Male dein Wunschgefühl auf ein Blatt oder notiere es dir hier.

Oder warst du
o neugierig
o aufgeregt
o neidisch
o gelangweilt
o mutig
o zufrieden
o überrascht
o einsam
o unsicher
o _____

Was hat deine Gefühle heute ausgelöst?

_____

Das war heute besonders schön....

Darauf freue ich mich...

Gibt es etwas, wofür du heute dankbar bist?

MEIN TAG

Wie hast du dich heute gefühlt?

glücklich

traurig

wütend

ängstlich

müde

verliebt

krank

verwirrt

neutral

Welches Monster soll öfter auftauchen in deinem Leben? Welches weniger? Male dein Wunschgefühl auf ein Blatt oder notiere es dir hier.

Oder warst du
o neugierig
o aufgeregt
o neidisch
o gelangweilt
o mutig
o zufrieden
o überrascht
o einsam
o unsicher
o _____

Was hat deine Gefühle heute ausgelöst?

_____

Das war heute besonders schön....

Darauf freue ich mich...

Gibt es etwas, wofür du heute dankbar bist?

MEIN TAG

Datum

Wie hast du dich heute gefühlt?

glücklich

traurig

wütend

ängstlich

müde

verliebt

krank

verwirrt

neutral

Welches Monster soll öfter auftauchen in deinem Leben? Welches weniger? Male dein Wunschgefühl auf ein Blatt oder notiere es dir hier.

Oder warst du
o neugierig
o aufgeregt
o neidisch
o gelangweilt
o mutig
o zufrieden
o überrascht
o einsam
o unsicher
o _____

Was hat deine Gefühle heute ausgelöst?

_____

ICH DARF
SPASS HABEN

TIPP: SO KANNST DU SPASS HABEN

Entdecke Neues: Probiere neue Spiele, Bücher oder Aktivitäten aus.

Lache: Lachen ist gesund! Finde lustige Dinge, die dich zum Lächeln bringen.

Spielzeit: Nimm dir Zeit zum Spielen und Toben mit Freunden oder Familie.

Warum ist das wichtig?
Spaß zu haben, ist wichtig für deine Freude und dein Wohlbefinden. Es hilft dir, Stress abzubauen und deine Kreativität zu fördern. Genieße den Moment.

MEIN TAG

Datum

Wie hast du dich heute gefühlt?

glücklich

traurig

wütend

ängstlich

müde

verliebt

krank

verwirrt

neutral

Oder warst du

o neugierig

o aufgeregt

o neidisch

o gelangweilt

o mutig

o zufrieden

o überrascht

o einsam

o unsicher

o _____

Welches Monster soll öfter auftauchen in deinem Leben? Welches weniger? Male dein Wunschgefühl auf ein Blatt oder notiere es dir hier.

Was hat deine Gefühle heute ausgelöst?

_____

Das war heute besonders schön....

Darauf freue ich mich...

Gibt es etwas, wofür du heute dankbar bist?

MEIN TAG

Datum

Wie hast du dich heute gefühlt?

glücklich

traurig

wütend

ängstlich

müde

verliebt

krank

verwirrt

neutral

Welches Monster soll öfter auftauchen in deinem Leben? Welches weniger? Male dein Wunschgefühl auf ein Blatt oder notiere es dir hier.

Oder warst du
o neugierig
o aufgeregt
o neidisch
o gelangweilt
o mutig
o zufrieden
o überrascht
o einsam
o unsicher
o _____

Was hat deine Gefühle heute ausgelöst?

_____

MEIN TAG

Datum

Wie hast du dich heute gefühlt?

glücklich

traurig

wütend

ängstlich

müde

verliebt

krank

verwirrt

neutral

Welches Monster soll öfter auftauchen in deinem Leben? Welches weniger? Male dein Wunschgefühl auf ein Blatt oder notiere es dir hier.

Oder warst du
o neugierig
o aufgeregt
o neidisch
o gelangweilt
o mutig
o zufrieden
o überrascht
o einsam
o unsicher
o _____

Was hat deine Gefühle heute ausgelöst?

_____

MEIN TAG

Datum

Wie hast du dich heute gefühlt?

glücklich

traurig

wütend

ängstlich

müde

verliebt

krank

verwirrt

neutral

Oder warst du

o neugierig
o aufgeregt
o neidisch
o gelangweilt
o mutig
o zufrieden
o überrascht
o einsam
o unsicher
o _____

Welches Monster soll öfter auftauchen in deinem Leben? Welches weniger? Male dein Wunschgefühl auf ein Blatt oder notiere es dir hier.

Was hat deine Gefühle heute ausgelöst?

_____

Das war heute besonders schön....

Darauf freue ich mich...

Gibt es etwas, wofür du heute dankbar bist?

MEIN TAG

Datum

Wie hast du dich heute gefühlt?

glücklich

traurig

wütend

ängstlich

müde

verliebt

krank

verwirrt

neutral

Welches Monster soll öfter auftauchen in deinem Leben? Welches weniger? Male dein Wunschgefühl auf ein Blatt oder notiere es dir hier.

Oder warst du
o neugierig
o aufgeregt
o neidisch
o gelangweilt
o mutig
o zufrieden
o überrascht
o einsam
o unsicher
o _____

Was hat deine Gefühle heute ausgelöst?

_____

ICH KANN ANDEREN VERGEBEN

TIPP: SO KANNST DU VERGEBEN...

Verständnis zeigen: Versuche, die Perspektive der anderen Person zu verstehen.

Lass los: Erlaube dir, negative Gefühle loszulassen, die dir schaden könnten. Ärger und Groll sollten gehen.

Sei großzügig: Zeige Mitgefühl und biete anderen eine zweite Chance.

Warum ist das wichtig?
Vergeben kann dir helfen, Frieden mit anderen zu schließen und inneren Frieden zu finden. Es stärkt auch deine Beziehungen zu anderen Menschen.

MEIN TAG

Datum

Wie hast du dich heute gefühlt?

glücklich

traurig

wütend

ängstlich

müde

verliebt

krank

verwirrt

neutral

Welches Monster soll öfter auftauchen in deinem Leben? Welches weniger? Male dein Wunschgefühl auf ein Blatt oder notiere es dir hier.

Oder warst du
o neugierig
o aufgeregt ☑
o neidisch
o gelangweilt
o mutig
o zufrieden
o überrascht
o einsam
o unsicher
o _____

Was hat deine Gefühle heute ausgelöst?

_____

Das war heute besonders schön....

Darauf freue ich mich...

Gibt es etwas, wofür du heute dankbar bist?

MEIN TAG

Wie hast du dich heute gefühlt?

ängstlich

glücklich

traurig

wütend

müde

verliebt

krank

verwirrt

neutral

Welches Monster soll öfter auftauchen in deinem Leben? Welches weniger? Male dein Wunschgefühl auf ein Blatt oder notiere es dir hier.

Oder warst du

o neugierig

o aufgeregt ☑

o neidisch

o gelangweilt

o mutig

o zufrieden

o überrascht

o einsam

o unsicher

o _____

Was hat deine Gefühle heute ausgelöst?

_____

MEIN TAG

Wie hast du dich heute gefühlt?

glücklich

traurig

wütend

ängstlich

müde

verliebt

krank

verwirrt

neutral

Welches Monster soll öfter auftauchen in deinem Leben? Welches weniger? Male dein Wunschgefühl auf ein Blatt oder notiere es dir hier.

Oder warst du
o neugierig
o aufgeregt
o neidisch
o gelangweilt
o mutig
o zufrieden
o überrascht
o einsam
o unsicher
o _____

Was hat deine Gefühle heute ausgelöst?

_____

Das war heute besonders schön....

Darauf freue ich mich...

Gibt es etwas, wofür du heute dankbar bist?

MEIN TAG

Datum

Wie hast du dich heute gefühlt?

glücklich

traurig

wütend

ängstlich

müde

verliebt

krank

verwirrt

neutral

Welches Monster soll öfter auftauchen in deinem Leben? Welches weniger? Male dein Wunschgefühl auf ein Blatt oder notiere es dir hier.

Oder warst du
o neugierig
o aufgeregt
o neidisch
o gelangweilt
o mutig
o zufrieden
o überrascht
o einsam
o unsicher
o _____

Was hat deine Gefühle heute ausgelöst?

_____

Das war heute besonders schön....

Darauf freue ich mich...

Gibt es etwas, wofür du heute dankbar bist?

MEIN TAG

Datum

Wie hast du dich heute gefühlt?

glücklich

traurig

wütend

ängstlich

müde

verliebt

krank

verwirrt

neutral

Welches Monster soll öfter auftauchen in deinem Leben? Welches weniger? Male dein Wunschgefühl auf ein Blatt oder notiere es dir hier.

Oder warst du
o neugierig
o aufgeregt
o neidisch
o gelangweilt
o mutig
o zufrieden
o überrascht
o einsam
o unsicher
o _____

Was hat deine Gefühle heute ausgelöst?

_____

Das war heute besonders schön....

Darauf freue ich mich...

Gibt es etwas, wofür du heute dankbar bist?

ICH BIN
FLEISSIG

TIPP: SO KLAPPT ES MIT DEM FLEISS...

Setze Ziele: Überlege dir, was du erreichen möchtest, und arbeite darauf hin.

Bleib dran: Gib nicht auf, auch dann, wenn etwas schwierig erscheint. Übe und verbessere dich kontinuierlich.

Feiere Erfolge: Erkenne deine Fortschritte an und belohne dich für deine harte Arbeit.

Warum ist das wichtig?
Fleißiges Arbeiten hilft dir, deine Ziele zu erreichen und stolz auf deine Leistungen zu sein. Es zeigt auch, dass du Verantwortung übernimmst.

MEIN TAG

Datum

Wie hast du dich heute gefühlt?

glücklich

traurig

wütend

ängstlich

müde

verliebt

krank

verwirrt

neutral

Welches Monster soll öfter auftauchen in deinem Leben? Welches weniger? Male dein Wunschgefühl auf ein Blatt oder notiere es dir hier.

Oder warst du
o neugierig
o aufgeregt
o neidisch
o gelangweilt
o mutig
o zufrieden
o überrascht
o einsam
o unsicher
o _____

Was hat deine Gefühle heute ausgelöst?

_____

Das war heute besonders schön....

Darauf freue ich mich...

Gibt es etwas, wofür du heute dankbar bist?

MEIN TAG

Datum

Wie hast du dich heute gefühlt?

glücklich

traurig

wütend

ängstlich

müde

verliebt

krank

verwirrt

neutral

Welches Monster soll öfter auftauchen
in deinem Leben? Welches weniger?
Male dein Wunschgefühl auf ein Blatt
oder notiere es dir hier.

Oder warst du
o neugierig
o aufgeregt ☑
o neidisch
o gelangweilt
o mutig
o zufrieden
o überrascht
o einsam
o unsicher
o _____

Was hat deine Gefühle heute ausgelöst?

_____

MEIN TAG

Datum

Wie hast du dich heute gefühlt?

glücklich

traurig

wütend

ängstlich

müde

verliebt

krank

verwirrt

neutral

Welches Monster soll öfter auftauchen in deinem Leben? Welches weniger? Male dein Wunschgefühl auf ein Blatt oder notiere es dir hier.

Oder warst du
o neugierig
o aufgeregt
o neidisch
o gelangweilt
o mutig
o zufrieden
o überrascht
o einsam
o unsicher
o _____

Was hat deine Gefühle heute ausgelöst?

_____

EINFACH SCANNEN

Du möchtest die Affirmationen aus diesem Buch ausdrucken oder auf dein Handy laden? Scanne diesen Code:

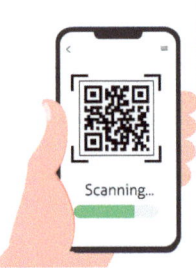  **1** Richte deine Handykamera auf den QR-Code.

2  Dein Smartphone fragt, ob du eine Internetseite öffnen willst.

 **3** Du klickst und kannst die Inhalte sehen, nutzen und kostenlos runterladen!

MEIN TAG

Datum

Wie hast du dich heute gefühlt?

glücklich

traurig

wütend

ängstlich

müde

verliebt

krank

verwirrt

neutral

Welches Monster soll öfter auftauchen
in deinem Leben? Welches weniger?
Male dein Wunschgefühl auf ein Blatt
oder notiere es dir hier.

Oder warst du

o neugierig
o aufgeregt
o neidisch
o gelangweilt
o mutig
o zufrieden
o überrascht
o einsam
o unsicher
o _ _ _ _ _ _ _ _ _ _ _ _ _

Was hat deine Gefühle heute ausgelöst?

_____

Das war heute besonders schön....

Darauf freue ich mich...

Gibt es etwas, wofür du heute
dankbar bist?

MEIN TAG

Datum

Wie hast du dich heute gefühlt?

glücklich

traurig

wütend

ängstlich

müde

verliebt

krank

verwirrt

neutral

Welches Monster soll öfter auftauchen in deinem Leben? Welches weniger? Male dein Wunschgefühl auf ein Blatt oder notiere es dir hier.

Oder warst du
o neugierig
o aufgeregt
o neidisch
o gelangweilt
o mutig
o zufrieden
o überrascht
o einsam
o unsicher
o _____

Was hat deine Gefühle heute ausgelöst?

_____

Das war heute besonders schön....

Darauf freue ich mich...

Gibt es etwas, wofür du heute dankbar bist?

ICH BIN
DANKBAR

TIPP: DARUM IST DANKBARKEIT WICHTIG

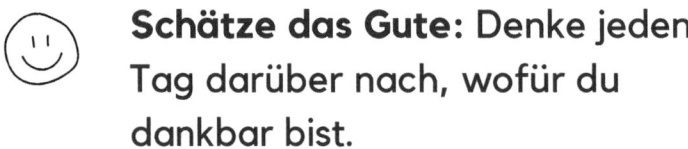

Schätze das Gute: Denke jeden Tag darüber nach, wofür du dankbar bist.

Sage "Danke": Zeige anderen deine Wertschätzung, wenn sie dir helfen oder etwas Nettes für dich tun.

Nutze ein Dankbarkeitstagebuch: Schreibe auf, wofür du dankbar bist, und lies es dir gelegentlich durch.

Warum ist das wichtig?

Dankbarkeit hilft dir, das Gute im Leben zu sehen und glücklicher zu sein. Es stärkt deine Freundschaften und lässt dich die kleinen Dinge im Leben schätzen.

MEIN TAG

Wie hast du dich heute gefühlt?

glücklich

traurig

wütend

ängstlich

müde

verliebt

krank

verwirrt

neutral

Welches Monster soll öfter auftauchen
in deinem Leben? Welches weniger?
Male dein Wunschgefühl auf ein Blatt
oder notiere es dir hier.

Oder warst du
o neugierig
o aufgeregt ☑
o neidisch
o gelangweilt
o mutig
o zufrieden
o überrascht
o einsam
o unsicher
o _____

Was hat deine Gefühle heute ausgelöst?

_____

Das war heute besonders schön....

Darauf freue ich mich...

Gibt es etwas, wofür du heute dankbar bist?

MEIN TAG

Datum

Wie hast du dich heute gefühlt?

glücklich

traurig

wütend

ängstlich

müde

verliebt

krank

verwirrt

neutral

Welches Monster soll öfter auftauchen in deinem Leben? Welches weniger? Male dein Wunschgefühl auf ein Blatt oder notiere es dir hier.

Oder warst du
o neugierig
o aufgeregt
o neidisch
o gelangweilt
o mutig
o zufrieden
o überrascht
o einsam
o unsicher
o _ _ _ _ _ _ _ _ _ _ _ _

Was hat deine Gefühle heute ausgelöst?

_____

MEIN TAG

Datum

Wie hast du dich heute gefühlt?

glücklich

traurig

wütend

ängstlich

müde

verliebt

krank

verwirrt

neutral

Welches Monster soll öfter auftauchen in deinem Leben? Welches weniger? Male dein Wunschgefühl auf ein Blatt oder notiere es dir hier.

Oder warst du

o neugierig

o aufgeregt ☑

o neidisch

o gelangweilt

o mutig

o zufrieden

o überrascht

o einsam

o unsicher

o _____

Was hat deine Gefühle heute ausgelöst?

_____

Das war heute besonders schön....

Darauf freue ich mich...

Gibt es etwas, wofür du heute dankbar bist?

MEIN TAG

Datum

Wie hast du dich heute gefühlt?

glücklich

traurig

wütend

ängstlich

müde

verliebt

krank

verwirrt

neutral

Welches Monster soll öfter auftauchen in deinem Leben? Welches weniger? Male dein Wunschgefühl auf ein Blatt oder notiere es dir hier.

Oder warst du
o neugierig
o aufgeregt
o neidisch
o gelangweilt
o mutig
o zufrieden
o überrascht
o einsam
o unsicher
o _____

Was hat deine Gefühle heute ausgelöst?

_____

Das war heute besonders schön....

Darauf freue ich mich...

Gibt es etwas, wofür du heute dankbar bist?

MEIN TAG

Datum

Wie hast du dich heute gefühlt?

glücklich

traurig

wütend

ängstlich

müde

verliebt

krank

verwirrt

neutral

Welches Monster soll öfter auftauchen in deinem Leben? Welches weniger? Male dein Wunschgefühl auf ein Blatt oder notiere es dir hier.

Oder warst du
o neugierig
o aufgeregt
o neidisch
o gelangweilt
o mutig
o zufrieden
o überrascht
o einsam
o unsicher
o _____

Was hat deine Gefühle heute ausgelöst?

_____

ICH WEISS, WIE ICH MICH FÜR ANDERE FREUE

TIPP: SO MACHT FREUDE STARK

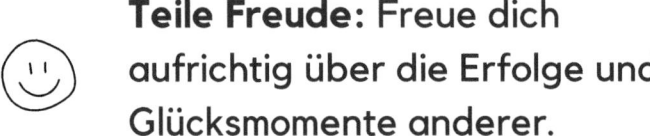

Teile Freude: Freue dich aufrichtig über die Erfolge und Glücksmomente anderer.

Sei unterstützend: Biete deine Hilfe an und schenke damit Freude.

Feiere gemeinsam: Teile die Freude anderer Menschen, feier mit ihnen ihre Erfolge.

Warum ist das wichtig?
Sich für andere zu freuen, stärkt dein Einfühlungsvermögen. Es macht dich zu einem unterstützenden Freund, der andere in ihren glücklichen Momenten begleitet.

MEIN TAG

Datum

Wie hast du dich heute gefühlt?

glücklich

traurig

wütend

ängstlich

müde

verliebt

krank

verwirrt

neutral

Welches Monster soll öfter auftauchen in deinem Leben? Welches weniger? Male dein Wunschgefühl auf ein Blatt oder notiere es dir hier.

Oder warst du
o neugierig
o aufgeregt
o neidisch
o gelangweilt
o mutig
o zufrieden
o überrascht
o einsam
o unsicher
o _____

Was hat deine Gefühle heute ausgelöst?

_____

Das war heute besonders schön....

Darauf freue ich mich...

Gibt es etwas, wofür du heute dankbar bist?

MEIN TAG

Datum

Wie hast du dich heute gefühlt?

glücklich

traurig

wütend

ängstlich

müde

verliebt

krank

verwirrt

neutral

Welches Monster soll öfter auftauchen in deinem Leben? Welches weniger? Male dein Wunschgefühl auf ein Blatt oder notiere es dir hier.

Oder warst du
o neugierig
o aufgeregt
o neidisch
o gelangweilt
o mutig
o zufrieden
o überrascht
o einsam
o unsicher
o _____

Was hat deine Gefühle heute ausgelöst?

_____

MEIN TAG

Datum

Wie hast du dich heute gefühlt?

glücklich

traurig

wütend

ängstlich

müde

verliebt

krank

verwirrt

neutral

Welches Monster soll öfter auftauchen in deinem Leben? Welches weniger? Male dein Wunschgefühl auf ein Blatt oder notiere es dir hier.

Oder warst du
o neugierig
o aufgeregt
o neidisch
o gelangweilt
o mutig
o zufrieden
o überrascht
o einsam
o unsicher
o _____

Was hat deine Gefühle heute ausgelöst?

_____

MEIN TAG

Datum

Wie hast du dich heute gefühlt?

glücklich

traurig

wütend

ängstlich

müde

verliebt

krank

verwirrt

neutral

Welches Monster soll öfter auftauchen in deinem Leben? Welches weniger? Male dein Wunschgefühl auf ein Blatt oder notiere es dir hier.

Oder warst du
o neugierig
o aufgeregt
o neidisch
o gelangweilt
o mutig
o zufrieden
o überrascht
o einsam
o unsicher
o _____

Was hat deine Gefühle heute ausgelöst?

_____

Das war heute besonders schön....

Darauf freue ich mich...

Gibt es etwas, wofür du heute
dankbar bist?

ICH ACHTE AUF MEINE GESUNDHEIT

TIPP: SO ACHTEST DU AUF DEINE GESUNDHEIT

Gesund essen: Iss regelmäßig Obst, Gemüse und andere gesunde Lebensmittel.

Bewege dich: Spiel draußen, mach Sport oder tanze, um deinen Körper fit zu halten.

Genug schlafen: Schlaf jeden Tag genug, um dich auszuruhen und stark zu bleiben.

Hygiene: Wasche regelmäßig deine Hände, putze deine Zähne und dusche oder bade.

Warum ist das wichtig?
Wenn du gut auf deine Gesundheit achtest, fühlst du dich stark und hast mehr Energie für all die Dinge, die du gerne machst. Es ist wichtig, sich um seinen Körper zu kümmern.

MEIN TAG

Datum

Wie hast du dich heute gefühlt?

glücklich

traurig

wütend

ängstlich

müde

verliebt

krank

verwirrt

neutral

Welches Monster soll öfter auftauchen in deinem Leben? Welches weniger? Male dein Wunschgefühl auf ein Blatt oder notiere es dir hier.

Oder warst du
o neugierig
o aufgeregt
o neidisch
o gelangweilt
o mutig
o zufrieden
o überrascht
o einsam
o unsicher
o _____

Was hat deine Gefühle heute ausgelöst?

_____

Das war heute besonders schön....

Darauf freue ich mich...

Gibt es etwas, wofür du heute
dankbar bist?

MEIN TAG

Datum

Wie hast du dich heute gefühlt?

glücklich

traurig

wütend

ängstlich

müde

verliebt

krank

verwirrt

neutral

Welches Monster soll öfter auftauchen in deinem Leben? Welches weniger? Male dein Wunschgefühl auf ein Blatt oder notiere es dir hier.

Oder warst du
o neugierig
o aufgeregt
o neidisch
o gelangweilt
o mutig
o zufrieden
o überrascht
o einsam
o unsicher
o _____

Was hat deine Gefühle heute ausgelöst?

_____

Das war heute besonders schön....

Darauf freue ich mich...

Gibt es etwas, wofür du heute dankbar bist?

MEIN TAG

Datum

Wie hast du dich heute gefühlt?

glücklich

traurig

wütend

ängstlich

müde

verliebt

krank

verwirrt

neutral

Welches Monster soll öfter auftauchen in deinem Leben? Welches weniger? Male dein Wunschgefühl auf ein Blatt oder notiere es dir hier.

Oder warst du
o neugierig
o aufgeregt
o neidisch
o gelangweilt
o mutig
o zufrieden
o überrascht
o einsam
o unsicher
o _____

Was hat deine Gefühle heute ausgelöst?

_____

Das war heute besonders schön....

Darauf freue ich mich...

Gibt es etwas, wofür du heute
dankbar bist?

MEIN TAG

Datum

Wie hast du dich heute gefühlt?

glücklich

traurig

wütend

ängstlich

müde

verliebt

krank

verwirrt

neutral

Welches Monster soll öfter auftauchen
in deinem Leben? Welches weniger?
Male dein Wunschgefühl auf ein Blatt
oder notiere es dir hier.

Oder warst du
o neugierig
o aufgeregt
o neidisch
o gelangweilt
o mutig
o zufrieden
o überrascht
o einsam
o unsicher
o _____

Was hat deine Gefühle heute ausgelöst?

_____

Das war heute besonders schön....

Darauf freue ich mich...

Gibt es etwas, wofür du heute dankbar bist?

MEIN TAG

Datum

Wie hast du dich heute gefühlt?

glücklich

traurig

wütend

ängstlich

müde

verliebt

krank

verwirrt

neutral

Welches Monster soll öfter auftauchen in deinem Leben? Welches weniger? Male dein Wunschgefühl auf ein Blatt oder notiere es dir hier.

Oder warst du
o neugierig
o aufgeregt
o neidisch
o gelangweilt
o mutig
o zufrieden
o überrascht
o einsam
o unsicher
o _____

Was hat deine Gefühle heute ausgelöst?

_____

MEIN TAG

Datum

Wie hast du dich heute gefühlt?

glücklich

traurig

wütend

ängstlich

müde

verliebt

krank

verwirrt

neutral

Welches Monster soll öfter auftauchen
in deinem Leben? Welches weniger?
Male dein Wunschgefühl auf ein Blatt
oder notiere es dir hier.

Oder warst du
o neugierig
o aufgeregt
o neidisch
o gelangweilt
o mutig
o zufrieden
o überrascht
o einsam
o unsicher
o _____

Was hat deine Gefühle heute ausgelöst?

_____

Das war heute besonders schön....

Darauf freue ich mich...

Gibt es etwas, wofür du heute dankbar bist?

ICH BIN
RESPEKTVOLL

TIPP: SO BIST DU RESPEKTVOLL

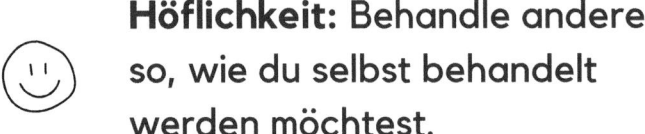

Höflichkeit: Behandle andere so, wie du selbst behandelt werden möchtest.

Zuhören: Höre anderen aufmerksam zu, wenn sie sprechen, und respektiere ihre Meinungen.

Rücksicht: Denke darüber nach, wie deine Worte und Taten andere beeinflussen könnten.

Warum ist das wichtig?
Respektvoll zu sein, fördert gute Freundschaften und schafft eine freundliche Umgebung für alle. Es zeigt, dass du die Gefühle und die Würde anderer schätzt und achtest.

MEIN TAG

Wie hast du dich heute gefühlt?

glücklich

traurig

wütend

ängstlich

müde

verliebt

krank

verwirrt

neutral

Welches Monster soll öfter auftauchen in deinem Leben? Welches weniger? Male dein Wunschgefühl auf ein Blatt oder notiere es dir hier.

Oder warst du
o neugierig
o aufgeregt
o neidisch
o gelangweilt
o mutig
o zufrieden
o überrascht
o einsam
o unsicher
o _____

Was hat deine Gefühle heute ausgelöst?

_____

Das war heute besonders schön....

Darauf freue ich mich...

Gibt es etwas, wofür du heute
dankbar bist?

MEIN TAG

Datum

Wie hast du dich heute gefühlt?

ängstlich

glücklich

traurig

wütend

müde

verliebt

krank

verwirrt

neutral

Welches Monster soll öfter auftauchen in deinem Leben? Welches weniger? Male dein Wunschgefühl auf ein Blatt oder notiere es dir hier.

Oder warst du
o neugierig
o aufgeregt
o neidisch
o gelangweilt
o mutig
o zufrieden
o überrascht
o einsam
o unsicher
o _____

Was hat deine Gefühle heute ausgelöst?

_____

Das war heute besonders schön....

Darauf freue ich mich...

Gibt es etwas, wofür du heute dankbar bist?

MEIN TAG

Datum

Wie hast du dich heute gefühlt?

glücklich

traurig

wütend

ängstlich

müde

verliebt

krank

verwirrt

neutral

Welches Monster soll öfter auftauchen in deinem Leben? Welches weniger? Male dein Wunschgefühl auf ein Blatt oder notiere es dir hier.

Oder warst du
o neugierig
o aufgeregt
o neidisch
o gelangweilt
o mutig
o zufrieden
o überrascht
o einsam
o unsicher
o _____

Was hat deine Gefühle heute ausgelöst?

_____

ICH BIN
EHRLICH

TIPP: SO BIST DU EHRLICH

Sage die Wahrheit: Sprich immer die Wahrheit, auch, wenn es manchmal schwierig ist.

Sei verlässlich: Halte Versprechen und erfülle deine Verpflichtungen.

Stehe zu Fehlern: Wenn du einen Fehler machst, sei mutig genug, ihn zuzugeben und daraus zu lernen.

Warum ist das wichtig?
Ehrlichkeit ist die Grundlage für Vertrauen und Respekt. Wenn du ehrlich bist, kannst du starke Beziehungen zu anderen aufbauen und selbstbewusst sein.

MEIN TAG

Datum

Wie hast du dich heute gefühlt?

glücklich

traurig

wütend

ängstlich

müde

verliebt

krank

verwirrt

neutral

Welches Monster soll öfter auftauchen in deinem Leben? Welches weniger? Male dein Wunschgefühl auf ein Blatt oder notiere es dir hier.

Oder warst du
o neugierig
o aufgeregt
o neidisch
o gelangweilt
o mutig
o zufrieden
o überrascht
o einsam
o unsicher
o _____

Was hat deine Gefühle heute ausgelöst?

_____

Das war heute besonders schön....

Darauf freue ich mich...

Gibt es etwas, wofür du heute dankbar bist?

MEIN TAG

Datum

Wie hast du dich heute gefühlt?

glücklich

traurig

wütend

ängstlich

müde

verliebt

krank

verwirrt

neutral

Oder warst du
o neugierig
o aufgeregt
o neidisch
o gelangweilt
o mutig
o zufrieden
o überrascht
o einsam
o unsicher
o _____

Welches Monster soll öfter auftauchen in deinem Leben? Welches weniger? Male dein Wunschgefühl auf ein Blatt oder notiere es dir hier.

Was hat deine Gefühle heute ausgelöst?

_____

Das war heute besonders schön....

Darauf freue ich mich...

Gibt es etwas, wofür du heute dankbar bist?

MEIN TAG

Datum

Wie hast du dich heute gefühlt?

glücklich

traurig

wütend

ängstlich

müde

verliebt

krank

verwirrt

neutral

Welches Monster soll öfter auftauchen
in deinem Leben? Welches weniger?
Male dein Wunschgefühl auf ein Blatt
oder notiere es dir hier.

Oder warst du
o neugierig
o aufgeregt
o neidisch
o gelangweilt
o mutig
o zufrieden
o überrascht
o einsam
o unsicher
o _____

Was hat deine Gefühle heute ausgelöst?

_____

Das war heute besonders schön....

Darauf freue ich mich...

Gibt es etwas, wofür du heute dankbar bist?

MEIN TAG

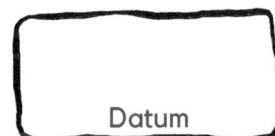

Datum

Wie hast du dich heute gefühlt?

ängstlich

glücklich

traurig

wütend

müde

verliebt

krank

verwirrt

neutral

Welches Monster soll öfter auftauchen in deinem Leben? Welches weniger? Male dein Wunschgefühl auf ein Blatt oder notiere es dir hier.

Oder warst du

o neugierig
o aufgeregt
o neidisch
o gelangweilt
o mutig
o zufrieden
o überrascht
o einsam
o unsicher
o _____

Was hat deine Gefühle heute ausgelöst?

_____

Das war heute besonders schön....

Darauf freue ich mich...

Gibt es etwas, wofür du heute dankbar bist?

MEIN TAG

Datum

Wie hast du dich heute gefühlt?

glücklich

traurig

wütend

ängstlich

müde

verliebt

krank

verwirrt

neutral

Welches Monster soll öfter auftauchen in deinem Leben? Welches weniger? Male dein Wunschgefühl auf ein Blatt oder notiere es dir hier.

Oder warst du
o neugierig
o aufgeregt
o neidisch
o gelangweilt
o mutig
o zufrieden
o überrascht
o einsam
o unsicher
o _____

Was hat deine Gefühle heute ausgelöst?

_____

MEIN TAG

Datum

Wie hast du dich heute gefühlt?

glücklich

traurig

wütend

ängstlich

müde

verliebt

krank

verwirrt

neutral

Welches Monster soll öfter auftauchen in deinem Leben? Welches weniger? Male dein Wunschgefühl auf ein Blatt oder notiere es dir hier.

Oder warst du

o neugierig
o aufgeregt
o neidisch
o gelangweilt
o mutig
o zufrieden
o überrascht
o einsam
o unsicher
o _ _ _ _ _ _ _ _ _ _ _ _ _ _

Was hat deine Gefühle heute ausgelöst?

_____

ICH ACHTE AUF MEINE GEDANKEN

TIPP: SO ACHTEST DU AUF DEINE GEDANKEN

Positive Gedanken: Versuche, optimistisch zu denken und dich auf das Gute zu konzentrieren.

Selbstbewusst sein: Glaube an dich und deine Fähigkeiten.

Negatives hinterfragen: Wenn du etwas Negatives denkst, frage dich, ob es wirklich stimmt oder ob du anders darüber denken kannst.

Warum ist das wichtig?
Deine Gedanken beeinflussen, wie du dich fühlst und handelst. Wenn du auf deine Gedanken achtest und positiv denkst, kannst du glücklicher und selbstbewusster sein.

MEIN TAG

Datum

Wie hast du dich heute gefühlt?

glücklich

traurig

wütend

ängstlich

müde

verliebt

krank

verwirrt

neutral

Welches Monster soll öfter auftauchen in deinem Leben? Welches weniger? Male dein Wunschgefühl auf ein Blatt oder notiere es dir hier.

Oder warst du

o neugierig
o aufgeregt
o neidisch
o gelangweilt
o mutig
o zufrieden
o überrascht
o einsam
o unsicher
o _____

Was hat deine Gefühle heute ausgelöst?

_____

Das war heute besonders schön....

Darauf freue ich mich...

Gibt es etwas, wofür du heute
dankbar bist?

MEIN TAG

Datum

Wie hast du dich heute gefühlt?

glücklich

traurig

wütend

ängstlich

müde

verliebt

krank

verwirrt

neutral

Oder warst du
o neugierig
o aufgeregt
o neidisch
o gelangweilt
o mutig
o zufrieden
o überrascht
o einsam
o unsicher
o _____

Welches Monster soll öfter auftauchen in deinem Leben? Welches weniger? Male dein Wunschgefühl auf ein Blatt oder notiere es dir hier.

Was hat deine Gefühle heute ausgelöst?

_____

MEIN TAG

Datum

Wie hast du dich heute gefühlt?

glücklich

traurig

wütend

ängstlich

müde

verliebt

krank

verwirrt

neutral

Welches Monster soll öfter auftauchen
in deinem Leben? Welches weniger?
Male dein Wunschgefühl auf ein Blatt
oder notiere es dir hier.

Oder warst du

o neugierig

o aufgeregt

o neidisch

o gelangweilt

o mutig

o zufrieden

o überrascht

o einsam

o unsicher

o _____

Was hat deine Gefühle heute ausgelöst?

_____

MEIN TAG

Datum

Wie hast du dich heute gefühlt?

glücklich
traurig
wütend
ängstlich
müde
verliebt
krank
verwirrt
neutral

Welches Monster soll öfter auftauchen in deinem Leben? Welches weniger? Male dein Wunschgefühl auf ein Blatt oder notiere es dir hier.

Oder warst du

o neugierig
o aufgeregt
o neidisch
o gelangweilt
o mutig
o zufrieden
o überrascht
o einsam
o unsicher
o _____

Was hat deine Gefühle heute ausgelöst?

_____

Das war heute besonders schön....

Darauf freue ich mich...

Gibt es etwas, wofür du heute
dankbar bist?

MEIN TAG

Datum

Wie hast du dich heute gefühlt?

ängstlich

glücklich

traurig

wütend

müde

verliebt

krank

verwirrt

neutral

Oder warst du

o neugierig
o aufgeregt
o neidisch
o gelangweilt
o mutig
o zufrieden
o überrascht
o einsam
o unsicher
o _____

Welches Monster soll öfter auftauchen in deinem Leben? Welches weniger? Male dein Wunschgefühl auf ein Blatt oder notiere es dir hier.

Was hat deine Gefühle heute ausgelöst?

_____

Das war heute besonders schön....

Darauf freue ich mich...

Gibt es etwas, wofür du heute dankbar bist?

MEIN TAG

Datum

Wie hast du dich heute gefühlt?

glücklich

traurig

wütend

ängstlich

müde

verliebt

krank

verwirrt

neutral

Welches Monster soll öfter auftauchen
in deinem Leben? Welches weniger?
Male dein Wunschgefühl auf ein Blatt
oder notiere es dir hier.

Oder warst du
o neugierig
o aufgeregt
o neidisch
o gelangweilt
o mutig
o zufrieden
o überrascht
o einsam
o unsicher
o _____

Was hat deine Gefühle heute ausgelöst?

_____

ICH BIN OFFEN FÜR IDEEN

TIPP: SO BIST DU OFFEN FÜR IDEEN

Neue Dinge ausprobieren:
Sei bereit, neue Aktivitäten,
Spiele oder Hobbys auszuprobieren.

Zuhören: Höre aufmerksam zu, wenn
andere ihre Ideen und Meinungen teilen.

Kreativ sein: Lass deiner Fantasie
freien Lauf und denk dir eigene Spiele
oder Geschichten aus.

Warum ist das wichtig?
Offenheit für Ideen hilft dir, zu lernen und zu wachsen. Es
fördert deine Kreativität und lässt dich neue Dinge
entdecken, die dir Spaß machen können.

MEIN TAG

Datum

Wie hast du dich heute gefühlt?

glücklich

traurig

wütend

ängstlich

müde

verliebt

krank

verwirrt

neutral

Welches Monster soll öfter auftauchen in deinem Leben? Welches weniger? Male dein Wunschgefühl auf ein Blatt oder notiere es dir hier.

Oder warst du
o neugierig
o aufgeregt
o neidisch
o gelangweilt
o mutig
o zufrieden
o überrascht
o einsam
o unsicher
o _____

Was hat deine Gefühle heute ausgelöst?

_____

MEIN TAG

Datum

Wie hast du dich heute gefühlt?

glücklich

traurig

wütend

ängstlich

müde

verliebt

krank

verwirrt

neutral

Welches Monster soll öfter auftauchen in deinem Leben? Welches weniger? Male dein Wunschgefühl auf ein Blatt oder notiere es dir hier.

Oder warst du

o neugierig
o aufgeregt
o neidisch
o gelangweilt
o mutig
o zufrieden
o überrascht
o einsam
o unsicher
o _____

Was hat deine Gefühle heute ausgelöst?

_____

Das war heute besonders schön....

Darauf freue ich mich...

Gibt es etwas, wofür du heute dankbar bist?

MEIN TAG

Datum

Wie hast du dich heute gefühlt?

glücklich

traurig

wütend

ängstlich

müde

verliebt

krank

verwirrt

neutral

Welches Monster soll öfter auftauchen in deinem Leben? Welches weniger? Male dein Wunschgefühl auf ein Blatt oder notiere es dir hier.

Oder warst du
o neugierig
o aufgeregt
o neidisch
o gelangweilt
o mutig
o zufrieden
o überrascht
o einsam
o unsicher
o _____

Was hat deine Gefühle heute ausgelöst?

_____

MEIN TAG

Datum

Wie hast du dich heute gefühlt?

glücklich

traurig

wütend

ängstlich

müde

verliebt

krank

verwirrt

neutral

Welches Monster soll öfter auftauchen in deinem Leben? Welches weniger? Male dein Wunschgefühl auf ein Blatt oder notiere es dir hier.

Oder warst du

o neugierig

o aufgeregt

o neidisch

o gelangweilt

o mutig

o zufrieden

o überrascht

o einsam

o unsicher

o _____

Was hat deine Gefühle heute ausgelöst?

_____

Das war heute besonders schön....

Darauf freue ich mich...

Gibt es etwas, wofür du heute
dankbar bist?

ICH KANN OHNE SORGEN LEBEN

TIPP: SO BEKOMMST DU SORGEN IN DEN GRIFF

Sprich über Sorgen: Teile deine Sorgen mit jemandem, dem du vertraust.

Entspann dich: Finde ruhige Momente, um dich zu entspannen und abzuschalten.

Positive Gedanken: Fokussiere dich auf das Gute und erinnere dich an schöne Erlebnisse.

Warum ist das wichtig?
Wenn du lernst, mit deinen Sorgen umzugehen, kannst du glücklicher und freier leben. Das hilft dir, dich auf die schönen Dinge im Leben zu konzentrieren.

MEIN TAG

Datum

Wie hast du dich heute gefühlt?

glücklich

traurig

wütend

ängstlich

müde

verliebt

krank

verwirrt

neutral

Welches Monster soll öfter auftauchen in deinem Leben? Welches weniger? Male dein Wunschgefühl auf ein Blatt oder notiere es dir hier.

Oder warst du
o neugierig
o aufgeregt
o neidisch
o gelangweilt
o mutig
o zufrieden
o überrascht
o einsam
o unsicher
o _____

Was hat deine Gefühle heute ausgelöst?

_____

Das war heute besonders schön....

Darauf freue ich mich...

Gibt es etwas, wofür du heute dankbar bist?

MEIN TAG

Datum

Wie hast du dich heute gefühlt?

glücklich

traurig

wütend

ängstlich

müde

verliebt

krank

verwirrt

neutral

Welches Monster soll öfter auftauchen in deinem Leben? Welches weniger? Male dein Wunschgefühl auf ein Blatt oder notiere es dir hier.

Oder warst du
o neugierig
o aufgeregt
o neidisch
o gelangweilt
o mutig
o zufrieden
o überrascht
o einsam
o unsicher
o _____

Was hat deine Gefühle heute ausgelöst?

_____

Entdecke alle Bände!

Kennst du schon
unsere Malbücher?

WIE GEHEN ASTRONAUTEN AUFS KLO?

Weltraum-Wissen für Kinder

Lesen macht klug!

Dr. Judith Roth

WARUM HEBEN HUNDE BEIM PINKELN DAS BEIN?

Tier-Wissen für Kinder

SCAN ME
Mit QR-Codes

Lesen macht klug!

Mitmach-Buch

Dr. Judith Roth

Hol dir den schlauen Lesespaß!

FRISST DIE WASCHMASCHINE SOCKEN?

Technik-Wissen für Kinder

Lesen macht klug!

Mitmach-Buch

Dr. Judith Roth

SCAN ME
Mit QR-Codes

LEGEN BRAUNE HÜHNER BRAUNE EIER?

Ostern-Spezial für Kinder

Lesen macht klug!

Mitmach-Buch

Dr. Judith Roth

SCAN ME
Mit QR-Codes